FRANÇOIS-XAVIER GUERRA

La sucesión presidencial de 1910

La querella de las élites

FONDO 2000
Cultura para todos

FONDO DE CULTURA ECONÓMICA
MÉXICO

Fragmento de
México: del antiguo régimen a la Revolución
1a. edición en francés, 1985
1a. edición en español, FCE, 1988

Primera edición, 1998

Carretera Picacho-Ajusco, 227; 14200 México, D. F.

ISBN 968-16-5512-5

Impreso en México

FRANCOIS-XAVIER GUERRA ha publicado en el Fondo de Cultura Económica el libro México: del antiguo régimen a la Revolución, *uno de los estudios más completos y detallados acerca del delicado tránsito que vivió México, del país decimonónico de Porfirio Díaz, al despertar democrático que enarbolara y condujera Francisco I. Madero a principios del siglo XX.* **FONDO 2000** *se honra en presentar en estas páginas una selección de la obra citada hecha por el propio autor para nuestro formato. El lector se encontrará, en muy pocas páginas, con un amplio análisis del fin del Porfiriato y con una útil ubicación del despertar revolucionario de México, que van más allá de una simple cronología de los eventos o de una parcializada biografía de los actores.*

Guerra ha escogido para esta edición aquellas páginas en donde se traslucen las diversas dico-

tomías y divergencias que distinguieron al México de las postrimerías porfirianas. El autor nos muestra que la antesala inmediata de la Revolución, lejos de constituir un unánime despertar concertado, fue una manifestación de las querellas y conflictos que separaban a las élites de la gente del pueblo y, dentro de las propias élites, a los liberales decimonónicos de los demócratas modernos, a los generales de un ejército anticuado de aquellos militares sustentadores de un nuevo belicismo, a los jóvenes demócratas de los vetustos científicos, y a los que insistían en las ilusiones de modelos extranjerizantes, de aquellos que confiaban en las posibilidades endógenas de un México nuevo.

François-Xavier Guerra es un notable historiador francés, nacido en Vigo, España, en 1942. Ha sido catedrático de historia contemporánea en la Universidad de la Sorbona en París, director del Centro de Historia de América Latina y del Mundo Ibérico, y también director de diversos grupos de investigación en el Conseil National de la Recherche Scientifique de Francia. Preocupado por el tránsito hacia la modernidad de los países hispánicos y, en particular, por las revoluciones de España e Hispanoamérica de principios del siglo XIX, *Guerra ha publicado también* Modernidad e independencias. Ensayos sobre las revoluciones hispánicas. *Poseedor de una limpia filiación por el pasado de México, Guerra se ha consolidado como uno de los mejores investigadores de nuestra historia. Dueño de una prosa accesible que se combina con los provechosos resultados de sus investigaciones, los párrafos de Guerra no sólo ilustran sino que alientan el afán de conocimiento de cualquier lector.*

La querella de las élites

En los relatos de los actores de la crisis final en la que zozobra el porfiriato, los años que preceden a 1908 y la entrevista Díaz-Creelman están o bien borrados, o bien reducidos a la historia de querellas personales. En la inmensa mayoría de estos relatos, los clubes liberales no han dejado más que el vago recuerdo de una agitación de jóvenes, y el magonismo, el de una propaganda socialista. Para estos autores, éstos son, pues, fenómenos que pueden citarse en una descripción del estado general del país, pero su evocación no es pertinente en el marco de la política. Uno de los políticos más activos de la época, José López Portillo y Rojas, todavía puede escribir en 1921, hablando del periodo 1904-1908: "Después de la sexta reelección [...] no se realizaron acontecimientos notables ni extraordinarios en el país: todo siguió lo mismo que siempre".

Para ellos, la única política verdadera es la que se hace en torno a un hombre, Porfirio Díaz, a sus actos reales y a sus intenciones supuestas, a sus amistades y enemistades, a su fuerza o su debilidad. ¿Se equivocaban, en realidad, estos testigos? ¿No sería mejor abandonar estas cuestiones de personas, complicadas y fastidiosas, y detenerse en las fuerzas sociales que, todo lo más, harían redundante un estudio preciso del ámbito político clásico?

Una visión del campo político centrada sólo en las luchas de la clase política es, ciertamente, estrecha, y precisamente nos hemos dedicado en los capítulos precedentes a sacar a la luz las transformaciones profundas de la sociedad mexicana de la época que aparecerán claramente en el momento de la Revolución. Pero hemos también mostrado la estructura y el funcionamiento de un sistema político muy equilibrado y, por lo demás, estable hasta los últimos años del siglo XIX. Es cierto que los cambios sociales ponen a este sistema político en una situación cada vez más inestable en relación con la sociedad de la que surgió. Pero hay que contar también con la inercia de los sistemas. Ahora bien, en el sistema político porfirista, el equilibrio reposa sobre el caudillo y sobre su capacidad para ejercer los arbitrajes entre sus fieles con el fin de imponer, a través de ellos, compromisos a todos los actores sociales susceptibles de ejercer una acción política.

En este sentido, el interés respecto a las querellas de personas y a las luchas de facciones de la clase política no procede de un gusto por la política de cenáculo: está de hecho justificado por las estructuras políticas. Punto de anclaje y de equilibrio de todas las cadenas complejas de clientelas y de relaciones, el presidente es el punto central de la vida política. A este título, toda la política gira en torno a él y conduce a él. Él encarna simbólicamente al pueblo y es, también en la práctica, el "soberano", un soberano mortal, sin embargo, y sin sistema de transmisión hereditaria de su legitimidad. Esa legitimidad que había obtenido de una transferencia de la soberanía del pueblo, que las élites políticas habían aceptado y que la sociedad había acogido con alivio, ¿era transmisible a alguien más que él? El problema de la sucesión presidencial es, efectivamente, el problema clave del porfirismo. En la configuración del poder del régimen, la cuestión de la sucesión dependía, efectivamente, del "soberano", es decir, del mismo Díaz. Era a él a quien correspondía, en última instancia, ya sea designar a un sucesor al que transmitiría, en la medida de lo posible, su autoridad sobre sus cadenas de fieles, ya sea el fijar las reglas y los límites de una competencia entre los pretendientes, para que midiesen sus zonas de influencia social. Es decir, una elección entre un porfirismo sin Díaz, o una democratización del régimen.

Las dos soluciones exigían a la vez la presencia de Díaz en la escena política y su progresiva desaparición. Presencia, en el primero de los casos, para evitar que la élite se divida y para que continúe participando en su conjunto de los beneficios del poder; pero presencia también, en el segundo caso, para que la competencia de las cadenas de clientelas rivales no empuje a ninguna de ellas a franquear los límites de la clase política, a poner de nuevo en marcha el mecanismo de impugnación ideológica de la ficción democrática (invocando la soberanía revolucionaria del pueblo). Desaparición del presidente, también, para que se constituya progresivamente un nuevo centro de poder, dejando al jefe en reserva como un recurso supremo.

¿Eran posibles estas soluciones? Desde finales de los años 1880, el peligro de la división de la élite aparece ya con claridad a múltiples observadores; servía hasta de argumento para la reelección: "quien quiera que fuese el candidato electo, dejará tras de sí, como huellas de la lucha electoral, hondos surcos, divisiones más o menos profundas que, minando la estabilidad del gobierno, dificultarían la marcha del país en su movimiento civilizador". La misma reelección de Díaz no podía ser más que una solución provisional que, a la larga, haría cada vez más difícil el problema de la sucesión. "¿Por qué atacamos la reelección? —escribía el diario católico *El Heraldo* en 1890—. Porque ella está preparando la más espantosa guerra civil que haya sufrido la Patria. Si la reelección es una consecuencia o una necesidad de la paz, ésta no hace sino preparar una catástrofe mil veces más funesta que las revoluciones periódicas."

¿Era consciente Díaz del peligro? Indudablemente que sí, en ciertas épocas de su vida, y ello explica sus titubeos. "La opinión", las élites políticas, también lo eran, ciertamente, y cada vez más en cada época electoral. En cada una de éstas, las clientelas rivales se enfrentaban entre sí cada vez más largamente, con un encarnizamiento acrecentado por una sucesión que no llegaba nunca, pero que era, sin embargo, ineludible.

Enfrentamiento, en cada periodo electoral, para hacer presión sobre la designación del sucesor, pero la lucha, sin embargo, permanecía circunscrita a los límites fijados por el soberano: la designación del candidato por el caudillo. En este sentido, efectivamente, entre estos periodos electorales "nada de notable o extraordinario se producía en el país". Pero nada fue tampoco igual después de 1908, cuando pareció que el "soberano" real dejaba libertad para invocar al "soberano" teórico. El marco de la política porfirista estalla, y entonces la sociedad, movilizada por clientelas rivales, entra en escena.

La sucesión presidencial en 1910, para utilizar el mismo título del libro clave de Madero, se convierte entonces, efectivamente, en el encuentro del porfiriato con el "pueblo".

1. LAS DIVISIONES DE LA ÉLITE PORFIRISTA

Hasta 1892, fecha de la segunda reelección consecutiva de Díaz, la élite porfirista parece unánime y relativamente compacta. Las divisiones que se pueden constatar en su seno son poco importantes y se refieren más al pasado que al porvenir. Se trata de la distinción entre porfiristas de siempre y los antiguos lerdistas, entre porfiristas y gonzalistas —los que habían apostado por el presidente Manuel González durante su interregno—, entre positivistas y liberales puros. Únicamente esta última distinción, en la cual nos hemos detenido extensamente, está llena de futuros enfrentamientos que, por el momento, no son más que posibilidades.

 Quedan, evidentemente, los excluidos de la política: los católicos, los miembros de los clanes regionales que han debido abandonar el poder y, en fin, una ínfima minoría de liberales intransigentes que jamás habían admitido el régimen de Tuxtepec, o la reelección —es el caso del periodista Filomeno Mata—

Únicamente el tercer grupo, el de los liberales intransigentes, está realmente excluido, no sólo de la política, sino de los beneficios del sistema. Los otros dos tienen en él un lugar, oficioso pero real. Los católicos, a través de la política de conciliación y por el acceso individual a los puestos políticos y administrativos. Los miembros de los clanes regionales, por el mantenimiento de su influencia social y de sus posibilidades de enriquecimiento.

Los liberales intransigentes son una minoría ínfima de la clase política, cuya acción se reduce al mantenimiento de una prensa de oposición y ya hemos hablado de su papel y de sus límites. Existe, ciertamente, diseminada en el país, gente apegada a Juárez o a Lerdo de Tejada, que no perdona a Porfirio Díaz el haber tomado el poder por las armas; pero se encuentra dispersa, sin acción política real por el momento, tan grande es el consenso general en favor del régimen. En 1890, el *slogan* de los partidarios de la reelección indefinida de Díaz, "la reelección es la paz", o sus argumentos sobre "el hombre necesario", no tienen necesidad de repetirse mucho, pues ni el país ni las élites parecen impugnar la permanencia del caudillo en el poder.

Un grupo en ascenso: los científicos

La única división, decíamos antes, que promete ampliarse en el porvenir es la que separa a los jóvenes liberales positivistas de los liberales clásicos puros, ya sean porfiristas o antiporfiristas. Esa división sigue siendo meramente doctrinal a principios de los años 1890, pues el grupo positivista es joven y sin poder real en el régimen; es un grupo de amigos de la misma generación y no un grupo político. Como Limantour dirá en sus memorias, estaban entonces unidos por una "cierta comunidad de pareceres y de ideales, principalmente entre los que fuimos el producto de los mismos sistemas educativos [...]". Este grupo, sobre el cual caerán tanto los elogios de una modernización espectacular como toda la ignominia que después de la Revolución se atribuye al régimen porfirista, comienza a constituirse como grupo político a fines de los años 1880; es entonces, en efecto, cuando sus miembros entran en la zona de influencia del ministro de Gobernación, el suegro de Díaz, Manuel Romero Rubio.

Aquellos jóvenes abogados positivistas que eran entonces los futuros científicos se incorporan al brillante entorno del ministro, entorno que frecuentan también muchos personajes de la élite, ya sea civil, militar o, incluso, eclesiástica.* Aquellos a los que la alta sociedad y el medio político acogen entonces —José Yves Limantour, Rosendo Pineda, Justo Sierra, Joaquín Casasús, Roberto Núñez, Emilio Pimentel, José María Gamboa, Fernando Duret— no pertenecen, por su medio social, a los grupos privilegiados, con la única excepción de Limantour, que ha nacido en una familia acaudalada. Pertenecen, como tantos intelectuales convertidos en hombres políticos antes y después de ellos, a la clase media o "media-baja". No son ni privilegiados antiguos, ni nuevos privilegiados, y en su inmensa mayoría su origen es de lo más mexicano. La brillante clasificación social hecha por Molina Enríquez, que los califica de *criollos nuevos* y les atribuye un origen extranjero, no está en absoluto justificada, excepto para Limantour y para Duret.

* Entre los civiles, citemos a Manuel M. de Zamacona, Alfonso Lancaster Jones, Carlos Rivas, Rafael Dondé, Luis Méndez, Emilio Velasco, Guillermo Prieto, Jesús Castañeda, Evaristo Madero, Joaquín Redo, etc.; entre los militares, los generales Mariano Escobedo, Sóstenes Rocha, Carlos Fuero, Pedro Baranda, los hermanos Díez Gutiérrez, etc., y entre los eclesiásticos, el arzobispo de México, monseñor Labastida, y monseñor Gillow, futuro obispo de Oaxaca.

Todos son, también con muy pocas excepciones —siempre Limantour, hijo de franceses—, más o menos mestizos e, incluso, en el caso de la cabeza política del grupo, Rosendo Pineda, de Oaxaca, el origen es completamente indígena.

La unidad de este grupo, al que se incorporan después otros hombres dotados de las mismas características, como Francisco Bulnes o los hermanos Pablo y Miguel Macedo, proviene, sobre todo, de su formación común, de su preparación profesional y de su deseo de llevar a cabo una política fundada en el análisis objetivo de los hechos, lo más alejada posible de las pasiones ideológicas. La formación positivista se une aquí con los intereses de Romero Rubio, que está deseoso de rodearse de un equipo competente, por el momento, pero que desea también constituir —¿quién puede saber el destino que podía reservar el futuro al suegro del presidente?— un grupo político informal. Romero Rubio sirvió así "de *trait d'union* [en francés en el texto] para formar un núcleo con muchos hombres distinguidos de diverso color político [...]".

En este grupo, algunos jóvenes intelectuales se convierten de hecho en el *brain-trust* del ministro del Interior, al que llamaban familiarmente "nuestro jefe". A ellos se les confían los estudios, los informes, los dictámenes periciales, las plazas en las comisiones técnicas, tan numerosas en esta etapa de reorganización administrativa. Más expertos que políticos, los futuros científicos reciben entonces también esos honores que son los cargos políticos: regidores de la ciudad de México, diputados, etc. Honores de una carrera, sobre todo, profesional y administrativa, pues, políticamente, los miembros de este grupo podrían clasificarse en la categoría de una oposición moderada al régimen. Como lo hemos visto precedentemente a través del programa de la Unión Liberal que fundan en 1892, su ideal es la evolución hacia un régimen de democracia restringida, pero, sin embargo, real, muy diferente de la "ficción democrática aceptada" en la que viven las élites porfiristas clásicas. De ahí su oposición a toda forma de caudillismo militar y su "civilismo" obstinado, que no es extraño a su constante oposición al general Reyes. De ahí también sus propuestas de apertura del régimen por la reforma de la justicia, la inamovilidad de los magistrados de la Suprema Corte, la creación de la vicepresidencia, el restablecimiento de la libertad de prensa, etcétera.

La Convención de la Unión Liberal de 1892, que Díaz había inspirado desde la sombra y Romero Rubio organizado de hecho a través de su secretario particular, Rosendo Pineda, fue un gran éxito como oropel democrático para el régimen, pero fue una decepción para el propósito reformador de sus jóvenes iniciadores. Su fin era constituir un partido liberal permanente y realizar de forma progresiva la reforma política, pero no era éste el fin del presidente. El experimento se detuvo ahí y los proyectos de ley que los miembros obstinados de la Unión Liberal presentaron e hicieron aprobar por la Cámara de Diputados, fueron detenidos por Díaz en el Senado. Limantour comenta con desilusión que el general Díaz consideró siempre el manifiesto de la Unión Liberal como una "hermosa obra literaria", útil para el ornato del régimen, pero completamente opuesta a sus ideas.

¿Hubo también por parte de Díaz, como lo dice Limantour, el temor de ver transformarse a la Unión Liberal, controlada "por un grupo poco numeroso, pero muy prestigiado [...] [en] un centro susceptible de ejercer cierta presión sobre su política, cortando así, por poco que fuese, su libertad de acción de cuya integridad se mostró siempre tan celoso"? Es muy probable, sea porque no pensaba entonces en una sucesión próxima, sea porque no quiso dar a su ministro de Gobernación una base política nacional, de la cual estaba entonces desprovisto. La hipótesis de una desconfianza de Díaz, desde esta época, respecto a los científicos, no puede ser sostenida, ya que todavía no habían llegado al poder, al que pronto Díaz llamará a Limantour. Esta desconfianza se correspondería mal, por lo demás, con su proyecto de 1899 de hacer de Limantour su sucesor.

Sea lo que fuere, los años 1892-1893 marcan un giro en la existencia del grupo científico, que recibe entonces de sus adversarios ese nombre que pronto utilizará como desafío. Por una parte porque, al estarles cerrando el camino político, sus miembros van a consagrarse a la obra de modernización administrativa y a sus propios asuntos; por otra, porque la presencia de Limantour como ministro de Hacienda en 1893 va a hacerlos aparecer a plena luz. Todo ello va a hacer que recaigan sobre el grupo las alabanzas y las críticas que la modernización porfirista provoca. Paradójicamente, cuando cesan de tener una acción política propia y señalada, es cuando los científicos van a aparecer como un grupo político coherente que actúa a la sombra del poder.

Sin embargo, esta acción no será verdaderamente impugnada hasta finales de siglo, cuando se plantee, en realidad, el problema de la sucesión. Durante los años del paso del primero al segundo porfiriato y del despegue económico, la actividad de los científicos está enteramente consagrada a poner las bases de un México moderno, a partir de un liberalismo renovado. Su actividad fue prodigiosa en los ministerios y en las comisiones de estudios, en los que fue elaborada toda la nueva legislación económica y administrativa. José López Portillo y Rojas, uno de los más notables reyistas y el adversario más encarnizado de los científicos, les rinde homenaje en este renglón: "El Código de Comercio, la Ley Bancaria, la de Ferrocarriles, la Monetaria, casi todas las que importaron un ordenamiento o un progreso en la marcha de la administración pública, salieron de sus gabinetes y de sus plumas. [...] No es exagerado decir, por lo mismo, que la organización del país, tal como apareció en el periodo más brillante del gobierno de Díaz, fue casi obra exclusiva de los científicos".

Sin embargo, esta acción no dejó de originar una oposición a su respecto, oposición que no hizo más que crecer con el tiempo y cuyo polo de cristalización fueron el general Reyes y sus partidarios, los reyistas.

Convertidos luego en las víctimas propiciatorias de un régimen caído, se atribuyó a los científicos en la escena revolucionaria el papel de la nueva burguesía ligada a los capitalistas extranjeros y corrompida por ellos; sus adversarios, primero los reyistas —de donde saldrán tantos futuros revolucionarios, comenzando por el presidente Carranza—, y a continuación los revolucionarios, representarán en ese teatro el papel de la burguesía nacional, silenciada por ellos. Esta distribución de

 los papeles hecha *a posteriori* es demasiado repulsiva para unos, demasiado bella para otros, y nada permite, en realidad, antes de que estalle públicamente el conflicto entre reyistas y científicos, atribuir a estos temas la división entre los dos grupos. ¿En qué es tan diferente de los científicos en el ámbito económico el general Reyes, gobernador modernizante de Nuevo León, abierto a los capitales extranjeros que se esfuerza por atraer con exenciones de impuestos? ¡Que los adversarios de los científicos hayan ido a buscar a uno de los gobernadores porfiristas más dinámicos en el ámbito económico muestra bien que, al principio, la oposición no se situaba en este terreno!

Reyes y Limantour: dos estilos opuestos

Esta oposición estaba situada en un nivel más fundamental: era la oposición entre dos estilos políticos muy diferentes, que llevaban inevitablemente a la cristalización de dos clientelas rivales. Los jefes de ambas clientelas, Reyes y Limantour, son muy representativos de la dualidad del personal político porfirista tal como la hemos expuesto precedentemente.

Por un lado tenemos al más ilustre (junto con Dehesa) de los gobernadores porfiristas de la primera generación, muy semejante por su origen social y provinciano, así como por su carrera militar y política, al mismo Díaz. Reyes es un general conocedor del México de las provincias y del campo, un procónsul del presidente para mantener el equilibrio político y el orden en los siempre inquietos estados del norte. Por otro lado, el más brillante de los jóvenes abogados positivistas, Limantour, ha nacido y se ha educado en México, después ha llegado a ser experto en finanzas y en derecho, a pesar de su salud delicada; dotado de un aspecto distinguido, sobresale en el conocimiento de los mercados financieros internacionales, pero lo ignora todo —y no quiere enterarse— sobre la política de los políticos, la que demanda el combate y el compromiso.

Nada más significativo a este respecto que la actitud de los dos hombres hacia esos vínculos personales con intercambio de favores, que son, recordémoslo, la estructura humana de base de la sociedad y de la política mexicanas. Limantour, totalmente influenciado de la racionalidad de la ley, de la igualdad ante ella y de la eficacia administrativa, considera el tiempo empleado en escuchar las peticiones y las quejas individuales, que ocupa una buena parte de su cargo político, como una verdadera carga: "No existía para mí mayor suplicio moral que el de las audiencias públicas donde el Ministro tiene que escuchar las dolencias y peticiones más fantásticas expuestas con rodeos sin fin y cuajadas de mentiras [...] si a la pérdida de tiempo [...] se agrega la impertinencia con que se solicitan *favores* y se alegan recomendaciones, mi poca condescendencia no ha de haber podido resistir a tan fuertes pruebas en más de una ocasión". La misma esencia de las relaciones de clientela, los favores o, simplemente, la demanda personal que adapta a un caso particular las disposiciones generales son aquí explícitamente rechazadas. Cuando Limantour escribe estas líneas, en 1921, se esboza una autocrítica, seguida inmediatamente de una reafirmación de los principios: "Un hombre político bien adiestrado en el arte de hacerse popular no habría cometido semejante falta, ni en el fondo, ni menos en la forma; pero [...] nunca pretendí halagar las multitudes ni los individuos con palabras vanas o engañadoras [...]".

Es el lenguaje de un alto funcionario o de un ministro técnico, y Limantour era consciente de este rasgo de su carácter, de estas limitaciones; no hay razones para no creerle cuando atribuye su rechazo constante para llegar a la más alta magistratura a esta repulsa de lo que la política comporta de arte, un arte opuesto al frío rigor de la "ciencia" financiera: "No me he cansado de repetir públicamente acerca de mi incapacidad en materia política..., al menos tal como ésta se comprende en México".

La verdadera política, y en ello el calificativo de científico conviene perfectamente a Limantour, así como a los demás miembros de su grupo, es la que resulta del estudio, de los datos verificables, de la razón que trabaja en el silencio de un gabinete o en una reunión de expertos. La diversidad de las situaciones concretas, las relaciones humanas que no son mensurables, las costumbres que configuran las relaciones entre los actores, son elementos perturbadores en una política que, anticipadamente, podía ser calificada de "tecnocrática".

Tecnocracia que resulta también de una confianza en la razón de las élites considerada como superior a la práctica ordinaria del pueblo: "Mi camino estaba bien trazado y consistió en esforzarme por convencer, a los capaces de comprender, de la justicia o conveniencia pública de las medidas o decisiones que creía yo debían tomar [...]". Ante esta fe en la ley concebida como un reflejo de la razón, que debe moldear la realidad, las resistencias sociales son consideradas como inercia irracional: "Esto sucedía con bastante frecuencia cuando mis innovaciones contrariaban añejas costumbres, especialmente si aquéllas limitaban o reglamentaban usos que parecían haber constituido en favor del público una especie de derechos [...]".

En esta visión de la acción pública, que no quiere llamarse política, aunque trastorne por completo la sociedad tradicional —hemos dicho ya con qué amplitud—, no es de extrañar que no haya lugar para lazos tradicionales o para clientelas; estos lazos no alcanzan, a lo sumo, más que la débil amplitud del círculo de amigos que comparten las mismas ideas. La observación de Bulnes, científico él mismo, sin embargo, a propósito de Limantour (observación que la lectura de memorias de éste confirma), era perfectamente lúcida: "El Sr. Limantour, en cuanto a la amistad, era un tipo de ictiosauro o de filodendro [...], tomaba la política como un deber teologal. [...] Creía no tener deberes para sus amigos políticos, tal vez porque siempre declaraba que no quería meterse en política; y no hacía otra cosa, procurando tener un grupo de altos intelectuales, numerosos, aguerridos, fieles e imponentes [...]; [era] un hombre bueno para las cifras, y sólo con cifras, [quien] apoyado por un dictador todopoderoso, [había logrado] con éxito moralizar una administración como se arregla un libro de caja; pero no entendiendo nada de pasiones, de sentimientos, ni la psicosis social del medio, ni las necesidades de la época, debía llevar a un desastre al país [...]".

Frente a esta actitud que era, en suma, la consecuencia de un carácter personal, pero también la de una formación que los otros miembros del grupo científico compartían, Reyes pertenece a un mundo diferente. Provisto de una integridad personal tan grande como la de Limantour, tan capaz como él para la dirección de su estado de Nuevo León, Reyes conocía el funcionamiento real de su sociedad, así como los deberes impuestos por el ejercicio del poder. Bulnes le profesa una hostilidad constante, pero lo describe, a pesar de todo, como "muy cumplido [...] en procurar a sus amigos cargos públicos, empleos apetecibles, influencias poderosas y gobiernos de los Estados. Los defendía contra los chismes, emprendía enaltecerlos ante el César. [...] Fuera de las cuestiones de dinero, era un verdadero amigo, creador de partidarios".

Contraste entre los dos personajes clave de los dos grupos de la élite porfirista: el de los porfiristas clásicos, surgidos de las clases medias o bajas de la provincia, que ejercen su carrera en contacto con la población en los estados; y el de los intelectuales y miembros de las profesiones liberales de la ciudad de México, que jamás conocieron —o que lo olvidaron, si habían salido de él— aquel mundo que era el de la aplastante mayoría del México porfirista.

Si hay una característica social común al núcleo
 original y central de los científicos, no hay que

buscarla ni en el origen social ni en la raza, sino en este conjunto de rasgos: el nacimiento, los estudios superiores, la carrera en la capital. Aquellos que no habían nacido en ésta —Rosendo Pineda o Joaquín Casasús, por ejemplo—, se incorporaron pronto a ella y acabaron por perder contacto con sus estados de origen.

Dualidad cultural, dualidad de orígenes, dualidad de formación y de carrera, se reunían las condiciones precisas para que aparecieran en el seno de la élite porfirista dos grupos rivales con una estructura interna diferente. El grupo de los científicos está formado por hombres que ocupan, sobre todo, puestos en los ministerios y en el entorno del presidente, en donde son apreciados por su competencia técnica; grupo que aparece con bases regionales débiles y sin verdadero jefe, como un círculo bastante cerrado de solidaridades horizontales. El grupo de los reyistas es más numeroso en los estados, en donde ocupa numerosos puestos regionales; es más apto para gobernar a los hombres que para administrar las cosas y se presenta más bien como una cadena nacional de fidelidades y de clientelas en formación. El riesgo del primer grupo estaba en convertirse en una camarilla, el del segundo, en aparecer a los ojos del presidente como un rival potencial de su poder y, en consecuencia, ser perseguido.

El enfrentamiento público de estas tendencias tarda, sin embargo, en manifestarse, y estos fenómenos siguen el mismo ritmo que las elecciones presidenciales. O, más bien, el ritmo de la preparación de estas elecciones, pues el envite de la lucha era la selección, por el "soberano", del futuro presidente, y se trataba entonces de influenciar la decisión del "soberano real", el mismo Díaz, antes de que el "soberano legal", el pueblo, ratificara esta opción por medio de elecciones...

Las primeras manifestaciones, ocultas, de la rivalidad entre los dos grupos se remontan a 1892, cuando se da la formación de la Unión Liberal. Díaz y Romero Rubio actuaron con tal habilidad y tanto secreto, que Reyes, al pedirle Rosendo Pineda —secretario particular de Romero Rubio y cabeza política del futuro grupo científico— que enviara representantes de Nuevo León a la Convención Nacional, rehusó, creyendo que se trataba de una empresa meramente privada. Hubiera estado completamente dispuesto a dar satisfacción a un deseo del presidente, pero adherirse a la iniciativa de los jóvenes que rodeaban al ministro del Interior le parecía incongruente. El incidente quedó ahí, y Reyes envió sus delegados a la convención que organizaban los porfiristas clásicos, pero de esta época data una profunda enemistad entre Rosendo Pineda y el gobernador de Nuevo León.

Tras esta primera escaramuza, volvió la calma a la clase política. La reelección de 1896 se desarrolló sin pasiones ni rivalidades. Limantour continúa su obra de reconstrucción financiera, y Reyes su brillante gobierno de Nuevo León. El prestigio de los dos hombres está a punto de llegar al cenit: Limantour, como el mago que ha restablecido las finanzas perpetuamente en crisis del país, Reyes, como el ejemplo de lo que debe ser un gobernador porfirista.

No es extraño que la "opinión" comience a interrogarse sobre la identidad de un sucesor que, siendo el sistema lo que es, no puede salir más que de los fieles más cercanos al presidente. Los primeros rumores sobre una candidatura de Reyes aparecen en 1893, vuelven en 1896, esta vez desmentidos enérgicamente por el interesado. En su origen está la personalidad del general, pero también su nombramiento por parte de Díaz como Oficial Mayor de Guerra, el 17 de abril de 1896; nombramiento que podría interpretarse como el llamamiento a un destino más elevado.

Reyes permanece poco tiempo en la ciudad de México, pues los roces con su ministro, el general Berriozabal, le impulsaban a dimitir un mes después. Regresa entonces a Nuevo León, y escribe la parte militar de la obra colectiva de Justo Sierra, *México. Su evolución social.* A su imagen de guerrero valeroso y de gobernador eficaz, viene a añadirse la del "militar-escritor".

Díaz, mientras tanto, parece pensar en preparar su retirada aprovechando la elección presidencial de 1900. La exégesis de sus verdaderas intenciones ocupa millares de páginas; los testimonios de los protagonistas y su misma acción pública parecen indicar que su propósito era sincero. Su proyecto comenzó a germinar, indudablemente, en 1898 y consistía en unir en la misma combinación política a los dos principales personajes de su régimen: Limantour y Reyes; el primero, como presidente, el segundo, como su principal apoyo. Desde 1898 Díaz dijo a Reyes que debía cultivar su amistad con Limantour y envía a éste a Monterrey con el mismo fin.

En agosto de 1898, el presidente propone finalmente a Limantour que se convierta en su sucesor y revela su proyecto al general Mena y a Rosendo Pineda. A pesar de todas las reservas de su ministro de Hacienda, Díaz parece llevar adelante la realización de su plan. En diciembre de 1898 visita Monterrey y pronuncia públicamente, respecto a Reyes, un elogio público que termina con la frase: "Así se gobierna"

 ¿Se trata de un globo sonda, destinado a descubrir las ambiciones verdaderas de sus fieles? Nada puede nunca descartarse respecto a las intenciones de este maestro en el arte de la política que es Díaz, pero tanto su correspondencia con Limantour como sus actos parecen mostrar que soñaba entonces seriamente en retirarse. Es muy posible también que haya intentado medir las reacciones que levantaría su proyecto. Estas reacciones no se hicieron esperar, y si Reyes aceptó apoyar a Limantour, la reacción más viva vino del ministro de Justicia y de Educación Pública, Joaquín Baranda. En mayo de 1899, éste hacía público un estudio en el que atacaba la elegibilidad de Limantour, alegando que era hijo de extranjero. Argumentación falaz, pues otros presidentes, como Comonfort, habían estado en la misma situación, y si Limantour era inelegible como presidente, lo hubiera sido también como ministro.

Díaz deja hacer sin pronunciarse. Renuncia aparentemente, por el momento, a su retirada en 1900 ante esta reacción y otras semejantes; ante la negativa de Limantour, también. Pero en enero de 1900, Reyes es nombrado ministro de Guerra y este nombramiento parece corresponder a la prosecución del mismo plan para 1904.

Durante este periodo, en que Reyes es ministro, se produce verdaderamente la escisión definitiva entre los porfiristas clásicos y los científicos. Ruptura preparada por el éxito de Reyes en el ministerio de Guerra y por el extraordinario aumento de su prestigio en "la opinión", factor que lleva, sin duda, hasta a provocar los celos del presidente.

Por primera vez, en efecto, se encuentra a la cabeza de este ministerio, tradicionalmente reservado a los ilustres ancianos del ejército liberal, un verdadero ministro, honesto y eficaz.

Durante los tres años en que Reyes ocupó este puesto, fue puesta en marcha una vasta reforma del ejército federal. Se ocupó tanto de sanear la administración federal y emplear los recursos de un presupuesto, muy débilmente incrementado, en fines propiamente militares, como el mejoramiento de la condición de los militares y la mejora de sus equipos. Los sueldos de los suboficiales y de los alumnos del Colegio Militar fueron aumentados, se mejoraron la instrucción de los alumnos del Colegio Militar y los planes de educación de los oficiales. Se organizó una enseñanza para los soldados, reclutados por leva en campos alejados o en medios marginales de las ciudades; se organizó una comisión para estudiar el reclutamiento y suprimir el odioso sistema de la leva, al que siempre se había opuesto Reyes. Se ordenó la adquisición de nuevos cañones y nuevos fusiles, se alentó la fabricación nacional de explosivos, y se encargaron también cuatro cañoneros. Por primera vez desde hacía mucho tiempo, la actividad del ejército no se limitó a las paradas y a los desfiles de los aniversarios patrióticos, sino que se extendió a verdaderas maniobras que se realizaron en 1900 y en 1901.

En fin, la pieza clave de su reforma y el punto sobre el cual fue más atacado: Reyes creó en diciembre de 1900 la "segunda reserva", inspirada por su amigo Antonio Ramos Pedrueza, que imitaba, con algunas modificaciones, la organización del *Landwehr* alemán. Se trataba de dar a los voluntarios una formación militar que los convirtiese en oficiales y suboficiales de reserva, capaces de mandar una eventual movilización. México dispondría así, además del ejército permanente renovado de 26 000 hombres, de 50 000 hombres más, movilizables en 45 días, mandados por oficiales de la primera y de la segunda reserva.

El éxito de este proyecto fue considerable. Miles de personas recibieron esta formación. En todo el país, en las ciudades, los burgos y los pueblos, se vio cada domingo reunirse a los hombres, tanto de grupos privilegiados como de clase media o de artesanos, para el entrenamiento militar, el tiro, los simulacros de combate. Las reuniones terminaban con discursos patrióticos y a menudo con una buena comida. Nacía de esto una nueva forma de sociabilidad que reunía fuera de toda distinción política a hombres pertenecientes a grupos sociales diferentes. Sociabilidad de masa en cierto aspecto, pero que daba a los participantes la ocasión de distinguirse del común de la población, a la cual deberían eventualmente mandar; ello les proporcionaba, además, un elemento reconocido de rango social.

Antonio Ramos Pedrueza fundó, incluso, un diario, el *Boletín del Oficial Reservista,* y organizó un Círculo de Propaganda de la Institución de Oficiales Reservistas, especie de tentativa para dar una existencia permanente a estas nuevas solidaridades. En el manifiesto que publicó el Círculo en esta época, aparecía una nueva sensibilidad, la de una amplia reunión de hombres unidos, más allá de las diferencias sociales, en un patriotismo común: "Cuando la defensa del honor y de la soberanía del país [...] [la hace] lo mismo el propietario que el letrado, el comerciante que el industrial, el prestigio de la causa sube intensamente, y entonces la causa de la patria es la causa del orden, de la propiedad asegurada, del hogar respetado". Reunión que tiene, pues, una función educativa y de incorporación también de esta franja de la población: "dentro de algunos años podrá el gobierno contar ya con una opinión pública hábilmente preparada y desarrollada, con sentimientos y hábitos universalmente adquiridos en el país [...]". La vertiente patriótica del ciudadano miembro de la nación sirve aquí de elemento de unión a los elementos todavía aislados del nuevo pueblo. Para estos hombres, es posible después el paso —y está ya expresado— de la defensa de la nación en el exterior, a la defensa de la nación en el interior, y de la defensa de la nación a la defensa del pueblo y de sus derechos.

Entre los firmantes del manifiesto del Círculo de los Oficiales Reservistas, se encuentran varios diputados y diversas personalidades conocidas del régimen, pero también otras que lo serán más tarde, en tanto que reyistas ardientes; se encuentra entre ellos, incluso, Jesús Flores Magón, el antiguo oponente radical de Díaz. Asimismo, entre los que han seguido la formación de la segunda reserva, se hallan al lado de hombres de la mejor sociedad de México, hombres pertenecientes a todas las tendencias del régimen: el antiguo periodista de la oposición, Joaquín Clausell, al lado del futuro reyista incondicional, Samuel Espinoza de los Monteros, del futuro jefe de la Revolución, Venustiano Carranza, el hermano del ministro de Hacienda, Julio Limantour, y el sobrino y yerno del ministro de Relaciones Exteriores..., pero al lado de estos nombres, otros más sorprendentes, como Praxedis G. Guerrero, el futuro dirigente del PLM, o Ambrosio Figueroa, el futuro dirigente de la revolución en Guerrero. ¿Cuántos otros desconocidos han encontrado, como estos últimos, en las reuniones de la "segunda reserva" un despertar de sus sentimientos cívicos primero, y de su actividad política después?

Es el peligro de esta movilización de nuevas élites y el prestigio de aquel que la había lanzado, lo que ha inquietado a los científicos, primero, y a Porfirio Díaz, después. Para la prensa que sostenían los primeros —respaldados en esto por Ricardo Flores Magón y por los oposicionistas de los clubes liberales— la segunda reserva era el trampolín que Reyes se preparaba para instaurar un nuevo militarismo. El ataque formulado en estos términos no tenía fundamento, pero es cierto que la segunda reserva daba a Reyes las bases de un movimiento político nacional que reunía en una cadena de solidaridades nuevas, una masa de hombres considerable, que iba de los grupos privilegiados a las clases medias inferiores.

Es esto lo que indispuso a Díaz: el temor de ver aparecer a su lado una cadena nacional de vínculos personales y de clientelas que podría un día remplazar a la suya. En este sentido, el gran desfile de 6000 reservistas en México, el 16 de septiembre de 1902, ante el presidente y sus ministros, en medio del entusiasmo de la multitud, es el canto del cisne de la segunda reserva y uno de los elementos que precipitan la caída de Reyes.

Pues el nombramiento de Reyes para el ministerio de Guerra y su acción, lejos de contribuir a facilitar la designación de un sucesor de Díaz sostenido por una élite unánime, han hecho, por el contrario, estallar a plena luz la división de la clase política. ¿En quién recae la responsabilidad de la ruptura? ¿Es en los científicos, que, con Luis Castañeda y Nájera, lanzaron una gran campaña contra Reyes? ¿En los reyistas que respondieron con un diario, *La Protesta,* dirigido por el hijo del general Reyes, Rodolfo? En cierta manera, parece pertenecer a las estructuras mismas del régimen por la incompatibilidad de sensibilidad entre los porfiristas clásicos y los científicos.

La primera víctima de la polémica fue el ministro de Justicia, Joaquín Baranda, que tuvo que renunciar, en mayo de 1901, debido a la presión de Limantour. Con él, Díaz perdía a un hombre muy popular, el responsable de la política educativa y el "procónsul" porfirista para Yucatán. La segunda víctima fue el mismo Reyes. Los ataques de *La Protesta* pasaron de la impugnación de la capacidad legal de Limantour a ataques muy violentos contra su vida privada y a injurias contra su familia, injurias escritas por el mismo Rodolfo Reyes y por un equipo de jóvenes abogados talentosos, los más notables de los cuales eran José María Lozano y Rafael Zubaran Capmany. ¿Estaba dirigida la campaña por el mismo general Reyes, que había corregido de su mano los artículos de su hijo, como lo creyó Limantour y lo afirmaron más tarde Bulnes y Prida? Reyes entonces, y más tarde López Portillo y Rojas, lo niegan. La respuesta es difícil, pero en todo caso, ante el ultimátum de Limantour, Díaz obtuvo la renuncia de Reyes en diciembre de 1902. Poco tiempo después, la "segunda reserva" fue abolida.

Reyes volvió a Nuevo León y tuvo entonces que enfrentarse con la oposición de los clanes excluidos de su estado, apoyados ocultamente por Rosendo Pineda y una parte de los científicos. Éstos creen posible entonces transformar en derrota total de su rival lo que por el momento no era más que una derrota parcial. La agitación de los partidarios de los científicos, de los clanes excluidos y de los estudiantes de los clubes liberales, unidos en su oposición común a Reyes, provocaron las manifestaciones e incidentes de Monterrey del 2 de abril de 1903, en los que hubo varios muertos. Estos acontecimientos, que los enemigos de Reyes atribuyeron al odio del gobernador por sus adversarios y que Madero —aquí también dependiente de sus solidaridades familiares y de su alergia a Reyes— describe más tarde, siguiendo la versión de los científicos y de los "liberales", parecen ser, sin embargo, la consecuencia de un accidente e, incluso, de una provocación. López Portillo y Rojas, que asistió, como enviado secreto del presidente, a todos estos acontecimientos, es formal y los describe como un verdadero complot de los adversarios de Reyes. Atacado por la prensa científica y la liberal, Reyes fue acusado ante la Cámara erigida en gran jurado, y finalmente absuelto el 28 de mayo, a pesar de su mayoría que le era adversa, gracias a la intervención oficiosa de Díaz.

El atolladero de la sucesión presidencial en 1904

Ni derrota total de los reyistas, ni victoria total de los científicos, ya que Díaz no podía separarse ni de unos ni de otros. El problema de la sucesión presidencial se encontraba en un callejón sin salida y el plan largamente propiciado por Díaz, en ruinas. Reyes, convertido en símbolo de los porfiristas clásicos, rumiaba su semidesgracia en Monterrey; Limantour, herido por los ataques de que había sido objeto, guardaba un rencor tenaz a sus ofensores. ¿Hay que ver en este episodio clave de la división de las élites porfiristas, como lo hace Bulnes con su talento de polemista, una consecuencia del exceso de "perfidia" del presidente, que deseaba dividir para reinar, minando con ello incluso los fundamentos de su régimen? Es posible, quizá, ver en ello más prosaicamente un atolladero no buscado, la consecuencia de un imposible dilema: escoger entre el entorno de tecnócratas, del cual dependían la imagen y el crédito internacional del régimen, o una clientela de fieles, de la que dependía el control del país.

Cualquiera que haya sido la causa, el problema parece insoluble y toma un carácter dramático al aproximarse las elecciones de 1904, a causa de la edad, cada vez más avanzada de Díaz, piedra clave de todo el sistema. La reelección, en este contexto, tomaba entonces el aspecto de un mal menor. Congelaba el problema de la división de la élite, en espera de que un acontecimiento no previsible viniera a resolverlo. La Unión Liberal de los científicos recibió, como era costumbre, el encargo de preparar la sexta reelección. Se dedicó a ello, pero con un matiz de revuelta angustiada ante el atolladero en que se encontraba el país. El extraordinario discurso de Francisco Bulnes ante la Convención Nacional de la Unión Liberal, el 21 de junio de 1903, lo expresa claramente: "La paz está en las calles, en los casinos, en los teatros, en los templos, en los caminos públicos, en los cuarteles, en las escuelas, en la diplomacia; ¡pero no existe ya en las conciencias! [Gran sensación en el público]. ¡No existe la tranquilidad inefable de hace algunos años! *¡La nación tiene miedo!* La agobia un escalofrío de duda, un vacío de vértigo, una intensa crispación de desconfianza y se agarra a la reelección como a una argolla que oscila en las tinieblas".

La notable inteligencia del más brillante de los intelectuales positivistas, y su comprensión de la sociedad se desbordan en palabras premonitorias: "[...] es preciso que la riqueza de la que se nos habla, no se convierta en indigencia por la brusca náusea de la anarquía; es preciso que los kilómetros de vías férreas no sean arrancados por las garras de la guerra civil; es preciso que los hilos telegráficos no vuelvan a anunciar al mundo nuestra barbarie, nuestra lasitud, nuestra impotencia [...]; es preciso que de esta paz no salga sangre, que de esta quietud no surjan patíbulos [...]; es preciso, sobre todo, que ese sentimiento de la nación por el general Díaz [...] no se transforme más tarde en el aleteo de una desesperación tenebrosa, en decepciones y resentimientos". Tras haber pedido que el sucesor de Díaz se llame "la ley", Bulnes concluye: "La reelección debe servir para que el general Díaz complete su obra, para que cumpla con un sagrado deber organizando nuestras instituciones; con el objeto de que la sociedad en lo sucesivo y para siempre, dependa de sus leyes y no de sus hombres".

Esta clara advertencia al presidente pareció encontrar una respuesta por su parte algunos meses más tarde con la creación de la vicepresidencia. Díaz acepta ahora esta antigua demanda de la Unión Liberal de 1892, como medio para dejar que el tiempo cure las heridas de sus adversarios y calmar las aprehensiones de la opinión pública nacional e internacional. Son los temores de los medios financieros internacionales (que Limantour descubrió durante un viaje a Europa para negociar un nuevo empréstito) los que decidieron a Díaz a aceptar lo que por tanto tiempo había rehusado. La enmienda constitucional que creaba la vicepresidencia fue aprobada en diciembre de 1903, al mismo tiempo que otra propuesta de los porfiristas clásicos, que aumentaba el periodo presidencial a seis años.

En los seis meses que restaban antes de las elecciones, las intrigas y las pasiones volvieron a florecer: no era imposible que el vicepresidente elegido sucediese a un anciano que podía no terminar su mandato. Como siempre durante el porfiriato, fue Díaz el que decidió al final, pero de una forma que mostraba hasta qué punto se había reducido su libertad de acción.

Su elección se dirigió de nuevo a Limantour, y éste rehusó de nuevo en una entrevista tensa, en la que reafirmó al presidente, que le empujaba a aceptar hablándole de sus deberes para con la patria, que "el verdadero patriotismo no puede aconsejarme que acepte una carga que sea superior a mis fuerzas y capacidades". Ante su negativa, Díaz le pidió que le aconsejara un nombre. Limantour, tras haber consultado con sus amigos, le propuso a Ramón Corral, antiguo gobernador de Sonora, entonces ministro de Gobernación y, en segundo lugar, a Olegario Molina, gobernador de Yucatán; ambos eran hombres relativamente alejados de las luchas de palacio, pero ligados al grupo científico.

¿Había ya efectuado la misma elección el presidente, o la influencia de Limantour fue verdaderamente determinante? Lo cierto es que en la Convención al partido nacionalista, en que dominaban los porfiristas no científicos, Díaz impuso al candidato de su elección, Ramón Corral, que fue "electo" junto con él para la vicepresidencia en julio.

Después de las elecciones decayó la agitación política, pero no la inquietud ante el porvenir; quedaban, además, heridas mal cicatrizadas. El país entraba en un nuevo periodo de espera: el de la muerte del caudillo, a menos que hubiese nuevas elecciones, pues Corral fue inmediatamente considerado por la "opinión" como un simple testaferro del grupo científico, incapaz por él mismo de cualquier acción autónoma.

Nada más alejado de la realidad que esta imagen del vicepresidente, cuya biografía hemos trazado anteriormente. Político porfirista del tipo antiguo, gobernador dinámico de Sonora, Corral era muy conocido en los estados del pacífico-norte, pero poco conocido por la opinión pública en los otros estados, a pesar de los cargos sucesivos que había ocupado con competencia —gobernador del Distrito Federal y después ministro de Gobernación—. Hombre de provincia, se había acercado poco a poco en la ciudad de México al grupo científico, del que difería por su origen, su formación y su carrera. Pero lo que le aproximaba eran tanto la fortuna que había forjado y su gusto por la eficacia administrativa, así como una vieja enemistad con Reyes, que databa de la estancia de éste en Sonora, durante los años 1880-1883. Las diferencias personales antiguas estructuran las relaciones políticas con mayor persistencia de lo que se podría esperar, y se encuentran en el origen de muchos desacuerdos que otros factores explican mal.

Es, sin duda, esta incorporación informal al grupo científico lo que explica el desprecio práctico con el que Díaz trató a este vicepresidente que él mismo había elegido y que al mismo tiempo era su ministro de Gobernación. Como con respecto a Reyes, su vieja desconfianza para con toda persona que pudiera constituir cerca de él un centro de poder independiente impulsó a Díaz no sólo a dejar a Corral aparte de toda decisión importante, sino también a permitir que fuera atacado continuamente por una prensa que él mismo controlaba en último término. Sin embargo, al hacer esto, Díaz se cerraba la única posibilidad real de una sucesión sin choques en el marco del sistema y preparaba el desencadenamiento de un reyismo que englobaría todos los descontentos, si por ventura llegaba a permitir la expresión de "la opinión". ¿Ceguera senil, como lo pretende Bulnes? Es posible que la vejez haya privado al dictador de su legendaria habilidad, pero también es posible que, como lo indica Limantour, el presidente se haya desanimado ante una situación inextricable: "Es posible que, a pesar de su gran energía, se apoderara de él un profundo desaliento y mayores inquietudes que nunca, ante el aspecto que fueron tomando las cosas en los últimos años; al menos esa impresión es la que me quedó después de varias de nuestras conversaciones íntimas".

Esta interpretación es indudablemente exacta en sí, pero no lo fue para aquellos que no participaban de los secretos del palacio. Para la mayoría de los miembros de la clase política de la capital, y más aún de los estados, Porfirio Díaz había caído en manos de los científicos, y éstos comenzaron a convertirse en los chivos expiatorios de todos los males del régimen. Esta última afirmación pertenece en parte al campo de la polémica, pero muchos hechos, por el contrario, refuerzan la impresión de un creciente dominio de los científicos sobre el país.

La influencia creciente de los científicos

Esta influencia es visible cuando se examina el personal político en funciones en este último periodo del porfiriato. Hemos visto cómo Limantour fue consultado para la designación del vicepresidente, y no es extraño que lo haya sido también para los otros puestos políticos importantes, como, además, lo confiesa él mismo afirmando al mismo tiempo que, en última instancia, era siempre Díaz el que decidía. Esta última precisión es superflua, pero no quiere decir que aunque Limantour no escogiera por sí mismo, su consejo no fuese de una enorme importancia, aunque sólo fuera negativamente. Habiendo escogido Díaz prioritariamente mantener en su sitio a su ministro de Hacienda —esto es evidente tras las renuncias de Baranda y de Reyes—, ve su libertad de acción limitada ya a amigos de Limantour, ya a hombres que no le sean contrarios. El equilibrio entre las facciones que teóricamente mantiene no se aplica a su gabinete.

Cuando se examina el gabinete de estos años, se constata al lado de Limantour, ministro de Hacienda, la presencia del general Francisco Z. Mena, ministro de Guerra tras la caída de Reyes, amigo de Limantour, que lo reconcilió con el presidente y lo llamó al gabinete; se nota también la presencia de Ramón Corral, ministro de Gobernación, elemento incorporado a los científicos; de Olegario Molina, gobernador de Yucatán, y ministro de Fomento, nuevo miembro del grupo científico, el mismo que Limantour había recomendado en segundo lugar para la vicepresidencia; de Justo Sierra, ministro de Educación Pública, miembro fundador del grupo, aunque alejado de la política de los políticos.

No quedan, entre los no científicos en el gabinete, más que dos "reliquias" de la época gloriosa del liberalismo, el general Manuel González Cosío, ministro de Fomento y después de Guerra, e Ignacio Mariscal, ministro de Relaciones Exteriores. Y aun, en el caso de este último, sus poderes aparecen mermados por Limantour. López Portillo y Rojas cuenta cómo la delegación mexicana en la conferencia panamericana de 1902 recibió la orden de tomar instrucciones del ministro de Hacienda y no del de Relaciones. La preminencia de Limantour en el gobierno no es únicamente moral, sino también práctica, pues en el marco de la reforma administrativa, el ministro de Hacienda se ha atribuido progresivamente una tutela financiera sobre los otros ministerios.

Agreguemos a esto que la dimisión de Baranda, que jugaba un gran papel en los nombramientos para los cargos nacionales y los de los estados más importantes —dimisión seguida poco tiempo después por la del subsecretario de Gobernación, Salvador Mercado, que le estaba ligado, y su remplazo por Miguel Macedo, uno de los más influyentes científicos—, dio al grupo científico una libertad de acción nueva en un ámbito al que hasta entonces no tenía acceso.

La consecuencia fue el remplazo progresivo, conforme aparecían las vacantes, de los gobernadores de la primera generación porfirista por científicos o por hombres unidos recientemente a este grupo.

Éste es el caso, en 1903, de Enrique Creel, la cabeza oficiosa del clan Terrazas en Chihuahua, convertido por sus múltiples negocios en amigo de Limantour. Gracias a este último el clan Terrazas vuelve a tomar el poder en Chihuahua, poder que había perdido en 1884. Sucede lo mismo con Olegario Molina en Yucatán, en 1902, de origen liberal clásico, pero que se convirtió mientras tanto en el mayor poder financiero de la península. Es también el caso, el mismo año, de Emilio Pimentel en

Oaxaca, de José María Espinosa y Cuevas en 1905 en San Luis Potosí, y de Damián Flores en Guerrero en 1907. Ocurrirá lo mismo en el momento de la gran crisis del régimen en 1909, con Pablo Escandón y Barrón en Morelos, con Diego Redo en Sinaloa, y con Enrique Muñoz Arístegui en Yucatán.

La característica de la mayoría de estos hombres es, por una parte, el pertenecer a los grupos sociales privilegiados, ya sean de origen relativamente antiguo —Espinosa y Cuevas, Escandón— o reciente —el clan Terrazas-Creel, Redo, Molina—; por otra parte, el haber permanecido hasta entonces alejados de los puestos del poder real de los estados que Díaz reservaba a sus fieles. Los criterios de elección de los gobernadores que habían prevalecido hasta entonces —conocimiento de la política real del México provincial y rural, neutralidad en la lucha de las facciones de los estados, habilidad para velar sobre los compromisos sociales—, bases del régimen —capacidad para mantener el orden, etc.—, se remplazan ahora por la eficacia administrativa, por la riqueza como criterio de influencia social, a veces hasta por la distinción de modales... La influencia de Limantour y de los científicos se une aquí con la "aristocratización del César", para cambiar progresivamente las reglas que aseguraban la estabilidad del sistema. Se escogieron, cada vez más, miembros de la "clientela de representación nacional" del presidente para ocupar puestos en los estados. El olfato legendario de Díaz para percibir las relaciones locales de fuerzas está en declive: los compromisos posibles se descuidan, se da la victoria a una facción de un estado sobre su rival...

Las consecuencias de esta desviación son grandes. Un poco por doquiera, los lazos recíprocos que unen a los notables con Díaz se debilitan. La intromisión de los notables nacionales y de los privilegiados en un ámbito que hasta entonces les estaba prohibido, o incluso su victoria total, aparece para los notables locales como la ruptura del contrato tácito que los unía con el presidente. Su lealtad a su respecto sale de ahí, si no negada exteriormente, al menos debilitada interiormente.

Todo el sistema político porfirista estaba, en efecto, construido sobre la fidelidad de los notables locales, venidos en su mayor parte de las clases intermedias de las ciudades y del campo. A ellos les estaban reservados los puestos políticos de los estados y los cargos administrativos locales y regionales, los primeros papeles políticos prohibidos a los miembros de los grupos privilegiados. El retorno de estos grupos a los puestos políticos claves entraña no solamente un aumento del poder de los detentadores del poderío económico y de la influencia social, sino también la limitación de las posibilidades de ascensión social por vía política. En un sistema político que da la prioridad a la competencia administrativa pura, a los diplomas y a las relaciones de nacimiento, la élite de las clases intermedias no puede sostener la competencia de los hijos de los grupos privilegiados. La modernización y su exigencia de racionalización tan exigida por los científicos, así como la lucha contra la influencia y la corrupción administrativa, teóricamente satisfactoria, se oponían a un sistema que premiaba de este modo a sus servidores más fieles; fieles, además, que eran los únicos capaces de hacer aceptar a las masas más desfavorecidas el orden social y político existentes.

Se ha hablado a menudo de la esclerosis y del envejecimiento de la clase política porfirista en el último decenio de su vida. Esto es cierto para los puestos honorarios del régimen, pero mucho menos para esos puestos clave, que son los de gobernador. El descontento local no se dirige especialmente contra los viejos gobernadores que llevan mucho tiempo en su puesto, sino más bien contra los más jóvenes y los más recientes, que aparecen particularmente poco preparados para los compromisos locales que ese tipo de cargo necesita. Para la "opinión" pública de los nuevos excluidos de entonces, de acuerdo con ello en los análisis que podemos hacer ahora, esto representaba el ascenso de los científicos.

¿Son verdaderamente científicos estos gobernadores? La respuesta se ha dado en parte. Estos hombres no pertenecen ni por su origen ni por su carrera al grupo científico original. De hecho, son una clientela regional en formación, a partir del grupo científico de la ciudad de México. El hecho mismo de su existencia atrae la atención sobre la transformación progresiva del grupo de la capital: el grupo de reflexión informal de los jóvenes intelectuales positivistas está a punto de convertirse, en los primeros años del siglo, en un grupo político que reúne en lo esencial a los miembros más distinguidos de los grupos privilegiados. En esta transformación, la composición misma del grupo se modifica, y las observaciones que se han hecho sobre él a principios de los años 1890 no son valederas en 1904, ni *a fortiori* en 1910. Del olvido de la cronología nacen muchas interpretaciones peligrosas.

Habiendo sido enterrados en 1893 sus proyectos de reforma, los miembros del grupo científico se dedicaron entonces, como lo hemos dicho, a sus profesiones, y pusieron su competencia al servicio de la reforma administrativa. Su talento intelectual —reconocido hasta por sus adversarios más encarnizados— no les hizo tener éxito en sus comisiones públicas únicamente, sino también en sus negocios.

Se convirtieron en abogados con bufetes prósperos, por los que pasaban los más importantes asuntos de la época; en la mayoría de los casos se enriquecieron considerablemente. ¿Debían su riqueza a la corrupción, a combinaciones dudosas, en las que se necesitaba la influencia del gobierno, como lo afirmarán más tarde sus enemigos? Aunque pueden citarse algunos casos precisos, su éxito y su riqueza parecen tener otras causas. Primero, su talento, pues eran efectivamente los intelectuales más brillantes de su generación. A continuación, el hecho mismo de que como habían estado en el origen de muchas reformas administrativas estaban bien situados para conocer las nuevas disposiciones legales. Finalmente, conformaban un círculo de amigos y sus frecuentes contactos entre ellos y, también, con los que ocupaban puestos políticos importantes, ponían en sus manos medios superiores para el éxito. La práctica universal de las relaciones personales como medio para obtener decisiones completamente legales —pero muy lentas de obtener de otra forma— les favorecía extraordinariamente en sus asuntos, provocando al mismo tiempo la cólera de sus competidores, que disponían de menos relaciones.

Inmersos en estos medios de negocios, es muy

natural que aquí realizaran la ampliación de su grupo cuando la amenaza de un nuevo porfirismo sin Díaz parecía asomar en el horizonte. Es en ese momento cuando la observación de Luis Cabrera, uno de sus principales adversarios, adquiere todo su sentido: "Idearon un sistema de gobierno que bien pudiéramos llamar una oligarquía del talento, de la cultura y del dinero, como contrapuesta a la tiranía del machete". Se debería añadir que nunca lograron poner en práctica este sistema de gobierno, sino que intentaron inclinar a Díaz hacia su idea; más que una oligarquía, formaron un subgrupo porfirista, cuyos miembros estaban unidos por su pasado y por un rechazo común al caudillismo y a la revolución.

En el interior de este rechazo y de las solidaridades que llevaba consigo, cada uno de los miembros del grupo tuvo acciones muy diversas. Algunos se dedicaron, sobre todo, a tareas intelectuales que no los enriquecieron: Bulnes y Sierra; la mayoría se dedicó a la profesión de abogado, a los negocios y a la administración pública; uno solo se dedicó realmente y con pasión a la política, Rosendo Pineda; tampoco él se enriqueció.

Cuando se abre, en 1908, la fase final del régimen, y cuando los científicos son el blanco principal de los ataques, ¿existe todavía un grupo científico? Ciertamente no, en el sentido original del término, y en esto Bulnes tiene razón al decir que la mayoría de los científicos se separaron de la política y de Limantour, excepto aquellos que Diódoro Batalla llama el *carro completo:* Limantour, con las cuatro ruedas —Pablo y Miguel Macedo, Joaquín Casasús y Rosendo Pineda. En torno a ellos, había una coalición de privilegiados o de facciones de los estados, interesados en el mantenimiento del *statu quo*. Muy diferentes son los reeleccionistas de 1910, ligados de grado o por fuerza, al grupo que continúa llamándose científico, de los jóvenes positivistas reformistas de los veinte primeros años del régimen.

Entre los dos grupos existe la distancia que separa el extremo más activo de los intelectuales de una época, de una camarilla que domina las inmediaciones del poder, pero que ha sido incapaz de crear las condiciones para su acceso a él. El drama de los científicos es que no pudieron ni instaurar la democracia limitada que deseaban (pues su poder provenía de un caudillo), ni constituir la cadena nacional de lazos personales que les habría permitido suplantarlo. ¿Falta de jefe? ¿Alergia de la política al aire libre? O ¿"efecto perverso" de su crítica lúcida y desmitificante, que les impedía invocar esta ficción democrática que ellos mismos habían puesto en evidencia, ficción que, sin embargo, constituía el fundamento de todo poder en aquella época?

Todas estas explicaciones son parcialmente verdaderas, pero, sobre todo, la última. Es significativo constatar que no hay estudiantes científicos. Por el contrario, se agrupan en gran número en torno a Rodolfo Reyes, el hijo del general, en las filas de los reyistas de 1902 y de 1909. Parafraseando la fórmula que Bulnes había empleado en 1903 a propósito de las luchas del siglo XIX entre conservadores y liberales, ya citada aquí, podríamos decir: "¿De qué lado está la verdadera cultura intelectual?" ¿Dónde estaban los estudiantes y los nuevos intelectuales? ¿Del lado de Reyes y de Madero? Entonces, los científicos y los reeleccionistas estaban perdidos...

2. EL DESPERTAR DEL "PUEBLO"

Los años que siguieron a 1904 son para la élite política nacional años de tregua tras la agitación de los cuatro años precedentes. Poco importa que estos años sean los de un aumento considerable de los precios agrícolas como resultado de malas cosechas; la prosperidad aumenta sin cesar y nada turba el orden público, excepto algunas grandes huelgas que empiezan a revelar la aparición de un problema obrero. Problemas importantes pero que, para la élite, no conciernen a la política. Ciertamente están esas conspiraciones radicales que la policía desmantela periódicamente, pero todo ello ocurre lejos, en las fronteras, en aquellos estados del norte siempre inquietos.

Calma, pues, y prosperidad, pero siempre inquietud. Pues la sucesión de Díaz no ha sido resuelta y los años pasan inexorablemente; en el horizonte, el periodo electoral de 1910 aparece como decisivo. La elección de 1904, aunque ha dejado huellas en los espíritus y disensiones potenciales para el futuro, no ha abierto todavía un foso infranqueable entre los miembros de la élite; es un anacronismo imaginarse a la élite de esta época como víctima de enemistades feroces. Aquel que será uno de los principales jefes del reyismo, José López Portillo y Rojas, ¿no ve con frecuencia a Ramón Corral en la casa de Alejandra de la Vega, la madre del futuro gobernador científico de Sinaloa, Diego Redo? Única sombra en este cuadro, la propagación en el segundo semestre de 1907 de la crisis económica nacida en los Estados Unidos, y con ella la baja de la actividad económica y las dificultades bancarias que son su consecuencia.

La entrevista Díaz-Creelman

En este ambiente de espera política y de dificultades económicas estalla como una bomba en la "opinión pública" la entrevista de Porfirio Díaz con el periodista James Creelman, publicada en 1908 al mismo tiempo en los Estados Unidos en el *Pearson's Magazine* y en México en *El Imparcial.*

Bomba política, pues el presidente anuncia en ella que no presentará su candidatura en 1910, que México está maduro para la democracia y que vería favorablemente la constitución de un partido de oposición. Daniel Cosío Villegas ha analizado con mucha finura tanto el origen como el contenido de un texto que desde su aparición ha hecho correr ríos de tinta. Los archivos privados de Díaz permiten establecer su génesis. La iniciativa parte de Creelman y es transmitida por Enrique C. Creel, gobernador de Chihuahua. Fue aceptada sin dificultad por Díaz, y la entrevista tuvo lugar en diciembre de 1907 en México; algunos días más tarde el presidente aprobó la traducción oral, tras la supresión de dos alusiones a la Iglesia. El documento, tal como fue publicado, aparece completamente conforme con la personalidad y la manera de hablar de Porfirio Díaz. Su contenido es, como el hombre mismo, complejo, pero sin que esta complejidad sea un signo de insinceridad; es, más bien, ya volveremos sobre ello, la consecuencia de la ambigüedad del régimen porfirista y del atolladero político en el que Díaz parece haberse encerrado.

 La primera parte del documento es un balance y

una descripción del sistema porfirista de gran precisión, y parece casi la narración de un itinerario personal. La convicción liberal de la juventud se une a los compromisos del hombre de Estado: "[...] el ya largo periodo de la Presidencia no ha corrompido mis ideales políticos, sino antes bien, he logrado convencerme más y más de que la democracia es el único principio de Gobierno, justo y verdadero; aunque en la práctica es sólo posible para los pueblos ya desarrollados".

Compromiso, para Díaz, no quiere decir cesión en los principios; éstos han sido mantenidos y sólo se ha suspendido su aplicación: "Hemos conservado la forma de Gobierno republicano y democrático; hemos defendido y mantenido intacta la teoría; pero hemos adoptado en la administración de los negocios nacionales una política patriarcal; guiando y sosteniendo las tendencias populares, en el convencimiento de que bajo una paz forzosa, la educación, la industria y el comercio desarrollarían elementos de estabilidad y unión en un pueblo naturalmente inteligente, sumiso y benévolo"

Todo el proyecto porfirista aparece aquí resumido: régimen liberal formal, estructura del poder de naturaleza antigua —"patriarcal"—, "paz forzosa" destinada a poner fin a las luchas surgidas de la ficción, creación de un pueblo moderno por "la educación, la industria y el comercio". La descripción es clara y real, y lo que es asombroso es la confesión pública de la realidad; esto hace de cierta manera imposible la continuación de una "ficción aceptada", pues ésta está hecha para ser vivida, no para ser dicha. En efecto, Díaz declara inmediatamente después que ha llegado el día en el que pueden renacer las prácticas democráticas.

Su análisis del nacimiento de un pueblo moderno por la educación y la modernización económica, corresponde bien a lo que efectivamente es la realidad mexicana de la época: el nacimiento de las nuevas clases medias y de los grupos sociales intermedios: "México tiene hoy clase media, lo que no tenía antes. La clase media es, tanto aquí como en cualquiera otra parte, el elemento activo de la sociedad. Los ricos están siempre harto preocupados con su dinero y dignidades para trabajar por el bienestar general, y sus hijos ponen muy poco de su parte para mejorar su educación y su carácter, y los pobres son ordinariamente demasiado ignorantes para confiarles el poder. La democracia debe contar para su desarrollo con la clase media, que es una clase activa y trabajadora que lucha por mejorar su condición y se preocupa con la política y el progreso en general [...]".

Sigue la conclusión, en perfecta lógica con estas promesas: "Tengo firme resolución de separarme
 del poder al expirar mi periodo [...] deseo estar vi-

vo cuando mi sucesor se encargue del Gobierno [...] Si en la República llegase a surgir un partido de oposición, le miraría yo como una bendición y no como un mal; y si ese partido desarrollara poder, no para explotar, sino para dirigir, yo le acogería, le apoyaría y le aconsejaría, y me consagraría a la inauguración feliz de un Gobierno completamente democrático".

Lo esencial de la entrevista está en estos extractos, aunque el resto del contenido esté lejos de ser insignificante. A pesar de todo, subsisten ambigüedades sobre la fe que el presidente tiene en la capacidad democrática de los mexicanos: "Temo que los principios de la democracia no hayan echado raíces profundas en nuestro pueblo; pero la nación se ha levantado a gran altura y ama la libertad". Las mayores ambigüedades conciernen, de hecho, a sus verdaderas intenciones y a la influencia que esta entrevista ha tenido en la explosión de la política que es la causa inmediata de la revolución.

Ambigüedad sobre las intenciones, que preocupó inmediatamente a los lectores mexicanos de la entrevista, una vez que, al no llegar el mentís, quedaron convencidos de su autenticidad. Se ha dicho que la intención del presidente no era de ninguna forma retirarse y que obedecía a razones ocultas al hacer estas declaraciones: presiones del gobierno norteamericano, preocupado por la incertidumbre que pesaba sobre México tras su desaparición, trampa puesta a sus adversarios para obligarles a descubrirse y combatirlos mejor, miedo a la revuelta... Ninguna de esas hipótesis se sostiene. La primera, porque, como hemos visto, la entrevista surgió de manera improvisada y sin preparación de ninguna especie. La segunda hipótesis, porque Díaz sabía perfectamente que no tenía adversarios sino clientes que luchaban por su designación para la sucesión. La tercera hipótesis, finalmente, el miedo al levantamiento, es totalmente ilusoria en una época en la que la única oposición al régimen es la oposición magonista ultraminoritaria y lejana. Díaz, además, razonará siempre hasta el final de su poder, en términos antiguos, pero muy operativos: las únicas amenazas reales son los que vienen de los poderes regionales o de la constitución de una cadena rival de vínculos personales; ahora bien, tanto las primeras como los segundos le son perfectamente conocidos.

¿Entonces, como dice López Portillo y Rojas, sería una declaración con una doble finalidad? ¿Una declaración para el exterior, destinada a mantener su imagen de marca y a tranquilizar a los medios financieros internacionales, y una declaración para uso interno, que nadie debería tomar en serio, y que serviría para poner en movimiento, sin intermediarios, a la cohorte de sus partidarios, para que le rueguen que se represente? La interpretación parece corresponder a la realidad. Dos días más tarde, en efecto, el oficioso *El Imparcial* comenta las declaraciones y piensa que la reelección tendrá lugar; elemento más significativo todavía, los archivos de Porfirio Díaz no muestran ninguna carta de gobernadores pidiendo explicaciones; por el contrario, una correspondencia habitual entre ellos —con copia al presidente— prepara la próxima reelección.

La explicación de un llamamiento velado de Díaz a sus partidarios para que le propongan una nueva reelección parece, pues, estar corroborada por muchos elementos, pero subsiste, sin embargo, un segundo problema: ¿cuál era el objeto de este llamamiento a la actividad política libre y a la formación de un partido de oposición? La explicación de Limantour, una de las personas que mejor conoció y frecuentó más a Díaz parece muy verosímil. No es sin embargo más que una hipótesis, pues Limantour, como todos los que rodeaban a Díaz, ignoró la entrevista y supo de ella, como todo mundo, por la prensa.

Para él, la entrevista no se refiere al problema de la reelección del presidente, sino a la del vicepresidente, de un vicepresidente que goce de una popularidad suficiente para poder ser el objeto de una transferencia del poder, llegado el momento, si Díaz renunciase, por ejemplo, algún tiempo después de su reelección. Díaz querría así, lanzando la actividad de la élite política, hacer surgir nombres de candidatos apoyados por grupos de personas influyentes, entre los cuales él mismo habría escogido al candidato oficial. Se trataría, en suma, de "un ensayo de consulta al pueblo [...] pero reservándose para sí mismo la interpretación de la voluntad popular". Para Limantour, Díaz quería mostrar su independencia respecto a los científicos y excluir así a Corral de su combinación. El antiguo ministro de Hacienda no duda en afirmar que el plan era absurdo, aunque sí deja a salvo las buenas intenciones del presidente; atribuye este error a la edad y al estar "desencantado de no encontrar en derredor suyo al hombre que buscaba para continuar su obra". La explicación es plausible y Limantour insiste en varias ocasiones sobre la fatiga de Díaz, sobre su deseo profundo de retirarse y sobre su descorazonamiento ante el atolladero de su sucesión. Es más plausible, al menos, esta explicación, que las acusaciones de perfidia de Bulnes o de López Portillo y Rojas.

Sin embargo, todos los autores que se ocupan de este tema, los de la época o los contemporáneos, coinciden en afirmar que la entrevista con el periodista americano fue seguida de una ola de agitación política. Ahora bien, no ocurrió así, y la cronología está ahí para demostrarlo: la aparición de la entrevista data de principios de marzo de 1908; y hay que esperar hasta finales de diciembre de 1908, es decir, casi diez meses después, para que se constituya el primer grupo político, el partido democrático. Mientras tanto, nada ocurre. Los gobernadores continúan preparando, como de costumbre, el movimiento que, surgiendo "de la base", va a ir de los clubes locales a las convenciones de los estados, y después a la Convención Nacional, para suplicar al presidente que acepte su séptima reelección. Cuatro meses después de la entrevista, las elecciones legislativas tienen lugar normalmente, en julio de 1908, sin campaña política y sin candidatos que busquen un sufragio real: las mismas listas oficiales preparadas en las oficinas de la ciudad de México, el mismo porcentaje de reelegidos, la misma comedia electoral ritual y aceptada…

La fracción de la clase política porfirista que no ocupa puestos del Ejecutivo —pero sí numerosos diputados— parece replegarse sobre sí misma para reflexionar quizá tanto sobre las intenciones reales del presidente, como sobre el papel que debe ella jugar en el porvenir. En lo que respecta a las intenciones del presidente, pronto se supo a qué atenerse, pues la clase política era lo suficientemente restringida, y las comunicaciones lo suficientemente constantes, para conocer los preparativos de la reelección. El problema de una verdadera elección del presidente no se plantea realmente: es evidente. El gran problema es la vicepresidencia, de la que nadie habla, ni Díaz ni los gobernadores; únicamente Madero, entonces un desconocido, y algunas otras personalidades aisladas en contacto con él sentían la tentación de llevar la lucha a nivel presidencial. El libro de Madero —*La sucesión presidencial en 1910*, publicado a principios de 1909— ha falseado nuestras perspectivas, y esto es también una prueba de su influencia.

A principios de 1909, de hecho, el objeto de una lucha todavía oculta es una vicepresidencia que, por la edad del presidente, corre el riesgo de convertirse en el cargo supremo. Hay que esperar al mes de abril de 1909 y a la designación por la Convención Reeleccionista de Corral como candidato oficial para que se desate realmente la "guerra de sucesión" entre los herederos, una guerra que, de la vicepresidencia, pasará finalmente con Madero a la presidencia; y todavía necesitará éste cuatro meses después del final de la primera batalla, la del reyismo, para volver a lanzar la actividad política.

Este libro se terminó de imprimir y encuadernar en julio de 1998 en los talleres de Impresora y Encuadernadora Progreso, S. A. de C. V. (IEPSA), Calz. de San Lorenzo, 244; 09830 México, D. F.
Se tiraron 5 000 ejemplares.

OTROS TÍTULOS DE

FONDO 2000

Alamán, Lucas, *Recuadro de Nueva España*
Alatorre, Antonio, *El apogeo del castellano*
Alcalá, fray Jerónimo de, *Relación de Michoacán*
Anónimo, *Código de Manú y otros textos*
Anónimo, *Dhammapada o las enseñanzas de Buda*
Anónimo, *Los siete infantes de Lara y Romancero del Cid*
Arreola, Juan José, *Prosodia y variaciones sintácticas*
Barnett, Lincoln, *El universo de Einstein*
Benavente, Motolinía, fray Toribio de, *Sacrificios e idolatrías*
Bonifaz Nuño, Rubén, *Fuego de pobres*
Burke, Edmund, *El descontento político*
Bustamante, Carlos María de, *El nuevo Bernal*
Cervantes Saavedra, Miguel de, *Cuatro entremeses*
Chumacero, Alí, *Páramo de sueños*
Cieza de León, Pedro, *Grandeza de los incas*
Colón, Hernando, *Vida del almirante don Cristóbal*
Cosío Villegas, Daniel, *Un tramo de mi vida*
Crane, Stephen, *Cuentos mexicanos*
Cruz, Sor Juana Inés de la, *Sonetos y villancicos*
Darío, Rubén, *Carta del país azul y otros cuentos*
Díaz Mirón, Salvador, *La giganta y otras damas*
Florescano, Enrique, *La historia y el historiador*
Frazer, James George, *Objetos y palabras tabú*
Frías, Heriberto, *Padierna, Churubusco y Chapultepec*
Fuentes, Carlos, *Tiempos y espacios*
Gamow, George, *El país de las maravillas*

González, Luis, *Otra invitación a la microhistoria*
Gorostiza, José, *Muerte sin fin*
Gutiérrez Nájera, Manuel, *Juan Lanas y otros cuentos*
Guzmán, Martín Luis, *Notas sobre México y los Estados Unidos*
Henríquez Ureña, Pedro, *Humanismo de América*
Hobbes, Thomas, *El Estado*
Homero, *La peste y la cólera. Rapsodias selectas de la Iliada*
Jaeger, Werner, *Semblanza de Aristóteles*
Janet, Pierre, *Psicología de los sentimientos*
Juárez, Benito, *Semblanza y correspondencia*
Lafaye, Jacques, *Los conquistadores*
Lagerlöf, Selma, *Algunas leyendas de Cristo*
Landa, Diego de, *Los mayas de Yucatán*
León-Portilla, Miguel, *Humanistas de Mesoamérica I*
León-Portilla, Miguel, *Humanistas de Mesoamérica II*
Martí, José, *Textos para niños*
Martínez Báez, Manuel, *Vida de Pasteur*
Martínez, José Luis, *Hernán Cortés. Semblanza*
Montaigne, *De la educación de los hijos*
Mora, José María Luis, *El carácter de los mexicanos*
Morales, Juan Bautista, *El gallo pitagórico*
Moreno de Alba, José G., *Algunas minucias del lenguaje*
Moreno Villa, José, *Panes, frutos y dones*
Mutis, Álvaro, *Los rostros del estratega*
Nervo, Amado, *La amada inmóvil*
Othón, Manuel José, *Poemas rústicos*
Papini, Giovanni, *Memorias indirectas*
Paz, Octavio, *Claridad errante. Poesía y prosa*
Pellicer, Carlos, *Un paisaje hecho poema*

Pepe Hillo/Paquiro, *Tauromaquias*
Pérez de Ribas, Andrés, *Pueblos de Sinaloa y Sonora*
Plutarco, *Vida de Alejandro*
Plutarco, *Vida de César*
Prieto, Guillermo, *Algunas memorias de mis tiempos*
Quevedo, Francisco de, *Desde la torre*
Reyes, Alfonso, *México en una nuez y otras nueces*
Riva Palacio, Vicente, *El nido de jilgueros y otros cuentos*
Rodó, José Enrique, *Algunos motivos de Proteo*
Rousseau, Jean-Jacques, *El origen de la desigualdad*
Rulfo, Juan, *Diles que no me maten y otros cuentos*
Sahagún, fray Bernardino de, *Creencias y costumbres*
Salado Álvarez, Victoriano, *Cinco de mayo*
Sierra, Justo, *La sirena y otros cuentos*
Steinitzer, Max, *Semblanza de Beethoven*
Tocqueville, Alexis de, *Un perfil de Norteamérica*
Vasconcelos, José, *Primeros recuerdos*
Villaurrutia, Xavier, *Nocturnos y nostalgias*
Vinogradoff, Paul, *Normas sociales y normas jurídicas*
Wahl, Jean, *El ser, la existencia y la realidad*
Zavala, Lorenzo de, *La consumación de la Independencia*
Zavala, Silvio, *Breves apuntes de historia nacional*